Copyright © 2005 Suzan Lemos.

Editora
Eliana Maia Lista

Assistência editorial
Daniela Padilha

Gerente de arte
Daniela Máximo

Capa
Clayton Barros Torres

Projeto gráfico
Thiago Nieri

Revisão de texto
Ana Paula dos Santos
Carol Ferigolli

Supervisão Gráfica
Roze Pedroso

Crédito das imagens

Getty Images
p. 6: Tim Macpherson; p. 7: Erik Dreyer; p. 20: George Knoll;
p. 22: Betsie Van der Meer; p. 24: Karah Kapoor; p. 30: Mike Powell;
p. 32: Tim Hall; p. 34: Joe McBride; p.36: Robert Daly;
p. 54: Moneyshot Inc.

Stock.xchng
Páginas 9; 26; 41; 50; 53; 56.

Istock Photo
Páginas 12; 21; 38; 40; 42; 44; 47; 48; 50; capa.

Dreamstime
Páginas 8; 10; 11; 14; 16; 19; 28; 29; 39; 46.

Dados Internacionais de Catalogação na Publicação (CIP)
(Câmara Brasileira do Livro, SP, Brasil)

Lemos, Suzan.
Ao meu amor / Suzan Lemos. —
São Paulo : DCL, 2005.

ISBN 85-368-0006-2 (antigo)
ISBN 978-85-368-0006-6 (novo)

1. Amor 2. Amor – fotografias 3. Relações interpessoais.

04-0200   CDD – 302

Índices para catálogo sistemático:

1. Amor : Relações interpessoais : Aspectos sociais   302

Todos os direitos desta
obra reservados à

DCL – Difusão Cultural do Livro Ltda.
Rua Manuel Pinto de Carvalho, 80
Bairro do Limão
CEP 02712-120 – São Paulo/SP
Tel.: (0xx11) 3932-5222
http://www.editoradcl.com.br
E-mail: dcl@editoradcl.com.br

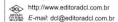

Eu nunca acreditei em amor à primeira vista.

Como são sábios aqueles que se entregam às loucuras do amor!

Joshua Cooke

No começo disfarcei.
Fingia que nada estava acontecendo...

Mas nada adiantava.
O cupido tinha me acertado.

E passava o dia contando os minutos para te encontrar.

Esperando ansiosamente o telefone tocar...

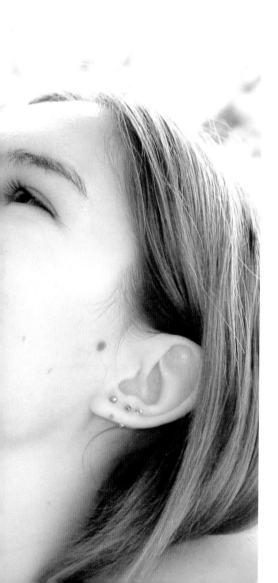

E quando nos encontrávamos, que alegria!

O coração pulava.

As mãos tremiam.

E um enorme sorriso

grudava no meu rosto.

Ao seu lado, todos os momentos são mágicos:

ficar abraçadinho embaixo do cobertor em dia frio,

rolar na grama

andar de mãos dadas...

Parece até que fomos feitos um para o outro!

Estamos sempre em sintonia.
E passamos a fazer coisas
que nunca imaginamos:

ir a um jogo de futebol,

passar o dia escolhendo um par de sapatos...

Até de pára-quedas eu salto!

O que importa é estarmos juntos...

Ao seu lado, me sinto uma criança!

Mas com o tempo vamos descobrindo algumas diferenças.

E nem sempre as entendemos.

E então brigamos

nos magoamos...

Até percebermos
que nosso
sentimento é maior
que qualquer
discussão.

E que as diferenças é que dão sabor à vida.

E voltamos a nos amar loucamente...

Aproveitando cada minuto como se fosse o último.

Fazendo de cada dia uma eterna conquista.

Superando
obstáculos,

dividindo
segredos...

Você é a melhor coisa que aconteceu na minha vida.